JN410426

먼 슬픔이 따뜻하다

윤보식 시집

먼 슬픔이 따뜻하다

만인사

자서

바라볼 수 있었던 날과
바라보지 못한 날들 사이에서
늦게 배운 시가
바라볼 수 없던 곳을 더듬게 해주리라 믿었다.
이 기록은 그 날들의 놀람에 대한 겸손한 몸짓이다.
언젠가 오리라 했던 정년이 느닷없이 찾아왔고
그 느닷없음 또한 교훈이기도 했다.
고마운 분들에게 이 글로 마음을 대신한다.

2020. 1.

차 례

자서 — 5

1

아침 — 13
빈 의자 — 14
투 썸 플레이스 — 15
장미 — 16
사각의 욕망 — 17
우리는 모른다 — 18
저녁 여섯 시 — 20
콜 박스 — 21
열차 — 22
그 산은 — 23
있잖아요 — 24
이월의 오후 — 25

2

봄의 자리 — 29
나비 — 30
어둠 — 31
새싹처럼 — 32
자주 젖는다 — 34
하중도 꽃밭 — 36
안개 — 38
벚꽃 — 40
비 — 41
마지막 수업 — 42
가시 — 43

차 례

3

오늘도 걷는다 — 47
머리 위의 눈 — 48
가지 끝에 여윈 잠이 — 49
우두커니 — 50
실버들 — 51
6월 — 52
나무는 아래로 — 53
자두 — 54
한가위 — 55
겨울 아침에 — 56
저녁 이야기 — 57

4

봄소리 ——— 61
헌 장화 ——— 62
말없는 눈빛 ——— 63
모퉁이를 돌면 ——— 64
북향화 ——— 65
칠월 ——— 66
낯설어요 ——— 67
인연 ——— 68
하얀 비 ——— 69
그렇게 말했다 ——— 70
강물 ——— 71
이별 연습 ——— 72
자작나무 ——— 73

5. 산문

다섯 소나무 — 77
회룡포의 전설 — 80
어머니의 기도 — 84

1

아침

어린 나무가
한 그루 서 있었다
아무도 보이지 않았다
하루 또 하루

언덕이 보이고
안개 속에서
시냇물 소리가 들렸다

어린 나무가 서 있었다
혼자 벌판을 지키고 있을 때
또 하루라고 말했다

어둠이 짙어 아침이 온다

빈 의자

의자가 있습니다
아무도 오지 않았습니다

의자는 시간을 기다리고 있습니다
얼마나 기다리면 될까요
그럴 필요가 있을까요

한 의자가 떠납니다
시간이 또 의자를 기다립니다

자리가 의자를 떠날 때
가득 찬 자리는 빕니다
시간이 시간을 떠납니다

이제 의자는 없습니다

투 썸 플레이스

작은 탁자 앞에
여자가 있고 또 남자가 있고
두 다리를 서로 겹치다가 꼬다가

이야기가 다리 사이에
끼이기도 하고 포개지기도 하고
함께이면서 함께가 아닌

둘이서 같은 이야기를 하며
다른 장면을 그리는

투 썸 플레이스

장미

한 겹 또 한 겹,
열리는 그 꽃잎은
더운 숨결

입술이
아픔이 저리도 짙을 수 있어

얼마나 많은 내일이
오늘에서 오늘로 들어 왔는지

너의 얼굴 같은
오월의 아침

사각의 욕망

4층에 앉아서 창 너머 주차장을 바라본다
미세먼지가 도시를 덮어 버리는 며칠
회색 바닥에 하얀 줄들은 가지런한 욕망들 같다
욕망들이 버린 먼지 속으로 승용차 하나가 들어온다
칸마다 하나 둘 한낮의 욕망을 가두어 놓는다
회색 바닥에 흰 차는 하얀 선 안에서 다소곳하다
사각의 욕망들은 사각 안에서 불안을 벗을까
욕망은 덮을 수 없는데
먼지 속에 불빛이 갇힌다

우리는 모른다

참다래나 망고는 후숙 과일
나도 그렇게 익고 싶은 데

물은 생기 있게 돌아가고
더러 먼 곳을 돌아보지만
돌아와 마주칠 때
우리는 서로를 모른다

저기 네가 있었나
거기 내가 있었나
물속에 따뜻한 말들이 있었나

마주치는 눈빛은 낯익은데
벌써 돌아간다고
젖지 않을 수 있을까
익지 않아도 되는 걸까

당신은 참다래나 망고처럼

나를 뒤에 밀어두고
모른다

저녁 여섯 시

꽃잎 몇 떨어져
길 위에 날립니다

혼자서 그 꽃잎을
따라 갑니다

어디로 가는 걸까요
어디서 왔을까요

꽃잎 하나
길을 나섭니다

가도 닿지 못하고
닿아도 알지 못하는

저녁은 늘 멉니다

콜 박스

홀로 있어야만 사는
모하비 사막

콜 박스
하나

낮은 고요가 졸고
밤은 눈동자만 굴러가는데

흙먼지도 내려앉는
이 적막을
누가 부를까

열차

열차는 도착하고 또 출발했다

바람이 몰려왔다
열차는 비어 있다
나는 타지 않았다
바람이 휘몰려간다

나는
열차가 아프다

열차는 도착하고 또 출발했다

바람이 몰려왔다
열차는 비어 있다
나는 타지 않았다
바람이 휘몰려간다

나에게 내일이 도착할까

그 산은

익숙하지 않았습니다
그 산은

길은 낯섭니다
날마다

사십 년도 하루인 듯합니다
그렇게 오늘이고

흠칫 돌아봅니다
따라오던 발자국을

그저 울이었습니다
그 속에도 알갱이가 있었을까요

추억은 뒤에서 흔들리고
여기서 나를 묻습니다

있잖아요

시간은
어디로 가나요

사람들은 간다는데
어디로 가나요

고향은 거기 있고
또한 거기에 없기도 하고
당신은 어디에 있나요

있잖아요
시간은 보이지 않고
우리 그 자리에 있기나 한지

그리고 나는 남은 건지요

이월의 오후

구부정한 소나무가
하늘을 토해내고 있었다
붉은 살갗이 메말라가고
울타리 사이 등이 점점 밝아온다
그녀는 아직도 오지 않는다
자작나무도 하얀 허리가 메말라 간다
나는 나에게 언제쯤 물을 줄까
긴 혀를 날름거리며 오후가 사위어 간다
소나무 아래 가족묘지
붉은 조화 위로
하루의 끝을 알리는 조종소리가 지나간다
오늘이 어제였던 것처럼

2

봄의 자리

맑은 소리 합주단의 연주는
우리를 젖게 한다

서로에게 팔과 다리가 되는 아이들
안간힘으로 박자를 일으킬 때
휘청거리는 아리아

허리를 곧추세우려는 지휘자의 안간힘이
자박자박 박자를 맞추어낸다

아픈 몸들이 봄으로 왔다

나비

블록집은 벽에서 찬바람이 난다 몸이 몹시 춥고 아팠던 그 날, 이불을 둘둘 감고 있어도 턱이 떨리는 소리가 나와 함께 단칸방을 기고 있었다 언제 왔는지 그녀가 내 이마를 짚었다 "이 열 좀 봐." 그녀가 이마에 얹던 수건에서 뚝뚝 떨어지는 게 눈물인지 식은땀인지 이불이 다 젖도록 앓다가 깨어나 보면 언제 와 있었는지 그녀가 이마를 짚고 있었다 늦기 전에 가라고 해도 이마의 물수건을 갈며 백열등 그림자가 일렁이는 그 밤을 새곤 했다 우리도 조금 흔들리고 있었을 것이다 누군가 그립다는 건 말문을 막는 일이기도 하고 울음을 막는 일이기도 하다 외풍에도 백열등이 흔들리는 그 방구석에서 술 삭히는 독처럼 이불을 둘둘 감고 혼자 웅크리고 있을 때, 누가 나를 다녀갔던가 머리를 맞대고 함께 있었으나 무얼 본 것도 아니었을 것이다 눈부신 작은 손, 그날의 흔적이 남아서 흰나비처럼 날 때 비좁고 빠듯한 그 골목들도 꼭 무얼 기억하려던 건 아닐 것이다

어둠

저녁이 그림자처럼 벽을 기어오른다
오솔길을 따라 나선다
또 어디로 가는 걸까
내 마음에도 어둠이 짙게 내리고 있었다

조용히 나를 닫는다
따르던 그림자도 사라졌다
무던히도 바빴을 것이다
주저앉으니 불안마저 묻혀버렸다
의자가 삐걱거렸다
어둠은 나와 그림자를 풀어주었다
그림자는 어디로 갔을까

새싹처럼

당연한 것처럼 솟아오르는 것들
연둣빛 녹두의 새싹이
먼지가 날만큼 메마른 그 땅을
아랑곳 않고 견디며 자라는 것을

무심결에 노는 소리를 유심히 듣는다
아이들이 노는 소리를
이따금 앞날을 미리 여행 온 사람들처럼
성숙하고 질서 있게 노는 것을

하지만 그 놀이를
어른들은 눈여겨 헤아리지 않는다
일상이 무겁고 지쳐서
자라고 있다는 걸 지나쳐버린다
얼마나 아이가 잘 자라고 있는지를

날마다 새로운 시간과 사귀며
차례를 기다리는 이들처럼

꽃피울 때를 기다리는 녹두처럼
아이가 어떻게 받아들이고 있는지를
지나쳐 버린다

자주 젖는다

김선생 눈이 자주 젖어 있었다

자주 과일꼬치를 들고 오셨다
토마토 멜론 파인애플 바나나
꼬치엔 젖은 냄새가 났다

아버지의 말과 어머니의 문화
어느 나라 말을 생각을 하면서
그것들을 꼬치에 꽂아 넣었을까
어머니 나라에서 온 과일에는
어머니 냄새도 났을까
아이들의 숨소리같이

과일 꼬치만큼이나
협력문화 아이들은
젖은 눈을 더 바라본다

꼬치가 입술에 닿을 때마다

설움이
과일즙처럼 번져 나왔다

하중도 꽃밭

지난 밤 꿈속에
노란 길을 걸어갔어요
점점이 작아지는 그대 모습은
서러운 빗물에 야위었나 봐요

꽃비는 뜨락을 뒹굴고 창 너머 말없이 그대가 서 있네요
보고 싶다는 말 대신 먼 곳을 올려다 봐요

이젠,
빗속을 함께 거닐 체온마저 없겠죠
사랑은 소지처럼 떨려야 하고
사랑은 기도처럼 닿아야 하는데

떠날 때는 바람으로 가는 거라며
돌아가는 그림자 속
하중도 꽃밭

밤도 낮도 어쩔 수 없는
내 마음 속에 나 같은 그대가

젖어요

안개

그녀가 손가락으로 가리키는 곳에
안개가 있었다
알 수 없는 서러움이 있었다
온 몸을 감는 그것

그녀가 손을 거두자
안개는 손을 지웠다
더 무엇도 말할 수 없는
아침이 가고 있었다

아무것도 보이지 않는다
그녀가 자욱하다
창밖이 밖인가 안인가
산이 지척에 무너져 온 듯

찻잔 속이 보이지 않는다
그녀 무슨 생각을 하고 있을까
이야기는 겉돌고

무릎이 닿을 만큼 우리,
가까이 있어도

벚꽃

눈바람도 덜 벗은 가지 위로
분홍 달빛이 내립니다

길 하나 떨어져
꽃잎을 구릅니다

그 길을 따라
꽃잎 위를 따라 갑니다

그 분홍 어디쯤에서 왔다가
어디로 가는 걸까요

길 하나
꽃잎을 나섭니다

분홍
달무리가 집니다

비

돌아와서도 계속 화가 나 있었다 그리고 비가 내렸다 분노가 숨어 있던 증오가 흘러내렸다 밤낮을 스미던 비 풋복숭 가지 옆이 무너지고 사랑이 아니라던 밤도 지워지고 가던 길을 멈추고 허공에 그 이름을 던졌다 떨어진 이름이 사정없이 젖었다 안간힘으로 들고 온 것들, 말할 수 없어서 뭐라고 말할 수 없어서 그냥 두었다 멀리서 온 불빛처럼 흔들리고 있었다 별처럼 부서지고 있었다

슬픔은 혼자 다니지 않는 모양이다

마지막 수업

이제
그
붉은 술은
안 마셔도 되겠다

꿈 한 자락 꾸고
봄나들이 끝나가는데

아침 이슬 풀잎 적시며
누군가 문을 연다

그리고 닫는다

가시

하루를 펼치면
생각하지 않던 곳에서
삐쭉삐쭉 돋아나는 가시들

생채기를 내며 들어오는 아픔
그 아픔이 그들에겐들 오죽할까

그는 가시를 하나 더 꽂아 넣는다

3

오늘도 걷는다

나는
서러움이 많은 사람
꽃잎 한 장 내려앉아도
나는
그 꽃잎이 온 곳을 생각하네

나는
슬픔이 많은 사람
오늘도 걷는다마는
닿을 곳이 없다네

꽃 지는 날

꽃잎 하나 떨어져도
정처가 없다네

머리 위의 눈

이월 매화가
쓸쓸해 보인다 했더니
그 새 눈꽃이 피었다

눈 속 매향은 천리를 간다는데
내 정은 십리를 못 가니

매화 위에 눈은 매화눈
눈 위에 매화는 하양눈

흩날리는 눈발
허공의 나부낌들

눈이 저 먼저 알고
봄 뜨락에 가뿐히 내리네

꽃이 젖고 나도 젖고
잠시 설움은 멀고

가지 끝에 여윈 잠이

가는 빗소리에
산수유 꽃망울 잠을 깹니다

소리 없이 가만가만
긴긴 해를 기다려

가지 끝에는 야윈 잠
어지러운 봄꿈이 묻어 나와요

서럽게 떠난 그 사람의 자리에
산수유가 피었습니다

그리움도 야위어도
산수유는
하염없습니다

우두커니

강 한가운데
우두커니 서 있다

어디서나
나는 우두커니이다

우두커니 서 있다
안간힘으로

하늘을 밀고 있다
고요를 버티고 있다

당신 앞에서
우두커니일 수밖에 없어

한 발로 우두커니
가까스로 버티고 있다

실버들

큰 가지 잘려나가
몇 가닥만 늘어져도
한사코 연둣빛이 매달린다

파란 피가 흐르고
아픔을 잊지 않고
연둣빛이 꿈처럼 깨어난다

연둣빛
작은 연못에 잠기고
가는 봄비도 못가에 내리네

6월

당신은 이슬처럼 아침에 잠시 찾아옵니다
서두르지 않으면 당신을 만날 수가 없습니다

6월의 긴긴 해를 초록으로 다시 덮어도
당신은 가깝지 않습니다
불쑥 있고 또 없습니다

내가 당신을 바라보았습니까
당신이 거기 있었습니까

오래 기다리다 보면
보고 싶어 했는지 알지 못할 때도 많고

당신은 아주 잠시 찾아옵니다
우리가 모르도록,

오래 전에 당신이 오지 않은 날들에

나무는 아래로

나무는 아래로 자란다
빛도 없는 어둠 속을 혼자 간다
소리도 없이,
물길 가장자리에서
실핏줄 같은 길의 뿌리를 보았다
참 멀리도 달려온 너의
어둠 이야기
비밀스런 이야기는 묻어두고 나무는 아래로 자란다
틈새를 찾아 조용조용 열어주는 사랑의 이야기들
어디까지 뻗었는지
바람에 흔들리는 가지들은 너의 미지

뿌리는 어둠으로 자란다
아래로 아래로 자란다

자두

아직 익지 않았을까
오르지 않았을까
넘지 못하였을까

여름 온다고,
오지 못한다고
당신은 당신을 넘지 못하는데

소리가 들리지 않는다
어두운 숲에선
궁금증만 커진다

익지 않았을까
달아오르지 않았을까
열매는 시간을 넘을 수 없는데

한가위

머리 주변을 맴돌던 하루살이
자동차 앞 유리창에 붙어왔다

아무나 쫓지마라
성급하게 쫓지마라

책 한 권 읽다보면 잠이 들고
꿈속에서 그리움 만나보면 될 것을

굴뚝 뒤에 내 여섯 살 숨바꼭질 그림자가
아직도 숨어서 잠을 자고

이제 며칠 지나면 한가위

겨울 아침에

작은 흔들림은 있었다
기다리는 마음이 말갛고
별빛만 내 창가에 놀다가
밤새 두런두런 숲속이야기 할 때,

문풍지도 울지 않은
12월, 까만 밤이 샐 무렵
내 창 안으로 서리가 찾아들었다

하릴없이 살다보니
어둔 날 지나가고
시린 날도 있는 모양이다
듬성한 머리에도 서리가 내렸다

밤새 성에를 앓았다 몸살꽃 피었다

저녁 이야기

이 서늘한 가지 아래서
얼마나 너를 기다렸던가, 나는

목이 마르도록
그래도 아직 남아
이야기로 흔들려 오는지
파랗게 물드는지

너의 이야기를 들을 수 없어
듣지 않을 수도 없어
그 저녁을 다 덮을 때까지

4

봄소리

바람 고요히 졸고 있다

흰 목련은 봄소리를 흘린다

어머니 어머니

목련은 조금씩 입을 열고

가벼이 허공 부풀고 있다

헌 장화

모래가 안으로 들어와 발바닥이 아프곤 했다 집으로 돌아오면 장화 속은 맨발로 다닐 때보다 더 흙투성이가 되곤 했다 거꾸로 털어내면 흙 묻은 이야기가 와락 쏟아져 나온다

말없이 떠나면 돌아온다 기다림이 긴 것만은 아니다 그 많던 신발들이 하나 둘 내성천 은어 떼처럼 이곳을 떠났다 내 젊은 날의 기억처럼 댓돌 위에 앉아서 먼 곳을 바라본다 신발들은 아직 돌아오지 않았다

"이번에는 새 장화를 꼭 사가지고 가요."

아내는 시골을 갈 때마다 흙투성이 발을 걱정하지만, 나는 아내의 말을 그냥 지나친다 나는 헌 슬픔이 따뜻하다 장화를 신고 있으면 내 어린 날의 기억들이 달려온다 아버지의 갈라진 목소리도 지나간다 질퍽이던 무논에서 조여오던 작은 발의 포근함 안간힘으로 뽑아 올리는 피의 핏자국

말없는 눈빛

밥 한 숟가락 더 담아주고
고기반찬 얹어주고
덤으로 정까지 얹어주었는데

세상 넓은 줄 모르는
나는
나를 줄여야 하므로

당신은 밥 한 술 덜어가고
말없이 눈빛 얹으면서

모퉁이를 돌면

모퉁이를 오른쪽으로 돌아들면
내성천은 삼강으로 돌아들고
강바람은 내를 거슬러 올라옵니다

그때 강물 따라 떠난 소녀가
내 가슴 속에 남아 있는 소녀가
이제 꿈 끝으로 달려옵니다

훗날 기다림은 강물 같다며
물같이 떠나가던 그 소녀는
모래밭에 당신 마음 써놓았네요

모퉁이를 오른쪽으로 돌아들면
모래 위로 살몃살몃 가던 그 소녀
노을쪽 삼강나루로 손짓합니다

북향화

숨죽인
가지 끝에
새하얀
꽃

오늘도
하얀
치성이
간절하다

그 꽃 피면
마당 가득
어머니 미소

나는 대문을 민다

칠월

칠월이면
어머니
물 아래 사신다
푸른 물에 잠기신다
우리 집은 물속 나라

물에서 나오지 못한 그 아이를 위해
어머니 물 아래 거처를 옮기고

칠월에는,
한사코
서늘한 죽음을
어루만져 오는 물결 밀며
씻어도 씻어지지 않는 불면

칠월 물소리처럼

낯설어요

나는 허수아비를 제대로 구분할까요

연못에 비친 내 아비는 믿을 수 있을까요

빗방울 하나에도 흔들리는 저 아비

늘 같이 다녀도 낯설다고 하지 않았나요

인연

한 사람과 한 사람이 만나 우리가 되는 일이다

순수한 자신의 눈으로 상대를 보면
보이지 않는 곳, 말하지 않는 것을 읽게 되리라

가야금 열두 줄 각자의 소리로 화음을 이루듯
나는 너의 그림자, 너의 언어 나를 말하며
하나이면서 여럿, 여럿이면서 하나로 어우러진다

어떤 순간이 와도
두 사람 사이 따스함이 물 흐르게 한다면,
그 사이 믿음이 출렁이고 감사함이 깊다면,
그 물은 꿈의 바다에 이르게 되리

그걸 굳이 사랑이라 말해 무엇 하겠니
그걸 굳이 기쁨이라 말해 무엇 하겠니

하얀 비

오늘은 늦은 겨울비가 하얗게
하얗게 내립니다

산수유 붉은 열매 끄트머리에
그리움 하얗게 자랍니다
말라붙은 빨강 알알이
그리움을 하얗게 낳았나 봅니다

그리움 속에는 세상이 거꾸로 보여요
어떤 생각은 거꾸로 자라나 봅니다

앙상한 나뭇가지 끝에도
당신 얼굴 같은 희망이 필까요?

오늘처럼
겨울비 내리면

그렇게 말했다

아침은 일어난다 하고
하늘은 내려온다 한다

바다는 세상을 안는다 하고
세상은 바다를 품는다 한다

너는 거기 서 있다 하고
나는 여기 앉아 있다 한다

너는 나를 그린다 하고
나는 너를 꿈꾼다 했다

강물

기꺼이
흔쾌히
마음껏

하지만
소리 없이
보낸다

너에게

이별 연습

떠날 사람이 있습니다
매화 꽃잎이 지기도 전에

그대
산수유 피면 노랗게 물들고
산수유 질 때 눈물 흘리시나요

우리 익어가기도 전에
생각 밖에서
그대 남아 있을까요

흰 눈이 매화처럼 흩날리면
희미한 마음은
오늘도 이별 연습을 합니다

자작나무

죽어서 곧게 설 수 있다면
당신이 사는 곳
하얗게 오르는 그늘로 남아

죽어서 곧게 설 수 있다면
당신 가는 곳
따라가는 나무처럼

5

산문

다섯 소나무

아기 울음소리를 듣는 일들이 점점 뜸해지는 마을 어귀에 소나무 다섯 그루가 마을을 지키고 서 있다. 나는 그 나무를 소나무 오형제라 불렀다.

한 달음에 달려오면 어깨를 내어주던 나무, 곁에 앉는다. 물기 젖은 옥수수 빵이 맛있고 강가에서 멱을 감던 얘기도 들려주었다. 나무를 오가며 엄마놀이도 하고 유월 콩처럼 나란히 오르기도 하였다. 나무 그늘에 누워 솔잎 사이로 내려오는 하늘을 보다 잠이 들기도 했다. 소나무는 꿈결에 나를 도닥여 주며 세상 이야기도 들려주었다.

산은 낮아지고 아직도, 그 소나무는 그 곳에 서 있다. 주위는 고요하다. 앞으로 굽히고 뒤로 젖히고 옆으로 비틀고 비스듬히 누워서 묵상하는 자세도 제 맘대로 이다. 고개를 숙이고 골똘히 생각에 잠겨 있다. 귓불을 스치는 바람소리며, 잎으로 내려앉는 햇볕이며, 가지를 밀어 올리는 흙냄새, 새소리, 벌레소리, 개미가 기어가는 소리, 으슥토록 놀다가는 달빛 소리. 그들을 하나로 모아 주는 어둠, 고요는 가득하다. 가득하면서 비어 있다. 함께 선 나무는 터를 넓게 잡지 않는다. 땅속으로 뿌리를 얼기설기 얽어놓고 서로가 서로를 당겨주고 잡아주며 위로 올라간다.

어느 겨울날 아침, 사람들이 일찍 나무 주위로 모여들었다. 태풍이 몰아칠 때도 솔개처럼 바람을 받아내던 나무였다. 우리에게 자리를 내주던 평평하던 나무가 밤새 내린 눈을 이기지 못하고 부러지고 말았다. 둥치 두 개만 남긴 채. 거기에 쓰인 마을의 역사를 무겁게 인 채 부러져 있었다. 그러나 나무의 의지가 마을을 일으킨 것일까. 천신만고 오형제 나무는 조금씩 무릎을 펴면서 일어서고 있었다.

마을과 고락을 함께하는 오형제는 여전히 그 곳에서 있다. 자신을 가릴 만큼의 솔잎으로 그늘을 만든다. 새들은 둥지를 찾아 떠나고 또 돌아온다. 몸 하나 숨길 수 없는 그 그늘에서 새들은 차가운 겨울밤이 어떻게 지샐까.

늘어진 솔가지 끝에 매달린 솔잎도 이 찬바람을 맞는다. 겨울을 견디며 새잎이 돋을 봄을 기다린다. 날씨는 차가워도 다른 형제들이 기둥처럼 서서 하늘을 함께 받치고 있다. 마을 사람들에게 인의예지신(仁義禮智信)을 말없이 심어주던 오상송(五常松)은 오늘도 고요히 마을을 지키고 있다.

안방에 누워 천정을 보고 있는데 놀랍게도 그들은 이미 내 안에 들어와 있었다. 오형제 나무는 사람들에게 말한다. 괜찮다면 마을에 남아서 마을을 위해서 귀를 열고 눈이 되어 달라고, 어깨에 묻은 눈을 털 듯 툭툭 불거진 손마디를 흔든다.

회룡포의 전설

이른 새벽, 장안사의 범종이 낮게 울린다. 그 울림이 어둡던 마을을 씻김굿하듯 서서히 감싸고 돈다. 꿈결의 허우적거림을 마음으로 씻어낸다. 동이 터오면 짐승들도 사람들도 고요를 밀어내고 하루를 맞이한다. 지난 시절을 회상하듯 흐르는 강물에 얼굴을 담근다.

습관처럼 비룡산을 올려다본다. 고향의 편안함 속에는 언제나 후덕한 장안사가 있다. 이 절집은 머리에 서리가 내려앉은 지금도 지치고 무거운 나의 일상을 어루만진다. 이끼가 군데군데 얹힌 빛바랜 장안사에서 이승에서 멀어진 그리운 이를 만난다.

'어디 보자, 우리 강아지, 언제 커서 이 할미를 업어줄꼬.' 장안사를 다녀오신 할머니는 따뜻한 손길로 내 볼을 어루만진다. 유년 시절, 할머니는 늘 장안사에 계셨다. 고운 손바닥을 맞대고 '나무아미타불 관세음보살'을 입버릇처럼 외던 할머니의 구도심은 지극정성이었다.

할머니가 연화장(蓮華藏)에 드신 날이다. 뿔뿔이 흩

어져 살던 대소가가 한데 모였다. 대웅전에서 백팔배를 올리다 말고 잠시 엎드린다. 당신께서 무릎이 닳도록 가족의 안녕을 빌고 빌었던 바로 그 자리다. 가슴이 먹먹해 온다. 어릴 때 병치레를 달고 살았던 나를 보살펴 주던 따뜻한 손길이 느껴지기 때문이다.

은은한 향은 유년의 기억을 꺼내온다. 목탁 소리와 염불 소리 대신 향 내음 속에서 할머니 냄새가 묻어난다. 할머니의 손을 꼭 잡고 절 뒷산을 오른다. 부모님도, 형님도, 아우도 구름을 타고 바투 뒤를 따른다. 회룡대에 둘러앉는다. 할머니가 술술 풀어내는 회룡포 전설을 따라 지나간 시간 속으로 발걸음을 내디딘다.

이슬방울들은 해가 뜨기 전에 용왕전(龍王殿)에 향을 뿌리고 돌아와야 한다. 고운 향을 머금고 날이 밝기만을 기다린다. 동이 트기 시작하면 안개를 타고 용궁으로 들어간다. 연잎 위에 큰 방울 하나가 깜박 늦잠을 잔다. 용궁에 거의 다다다랐을 때, 안개는 걷히고 만다. 안으로 들지 못하고 굴러 떨어져 그 모습을 간직한 채 굳어져 인간사를 비추는 거울이 된다.

때마침 용왕의 아들이 동네 처녀와 사랑에 빠졌다. 왕자는 이별의 이야기도 못 하고 용이 되어 승천하였다. 처녀는 매일매일 왕자를 기다렸다. 보름달이 환하게 사바세계를 비추던 저녁, 문득 왕자의 심장과 용이 날아오르는 형상이 그 섬에 거울지는 것을 보게 되었다. 처녀는 깨달은 바 있어서 장안사에서 아미타부처가 되었다.

국사봉 가운데 새겨진 하트 형상을 바라보며 자신의 마음을 고백하면 아미타부처님이 그 사랑을 맺어준다는 전설이 전해져서일까? 이곳 회룡대에는 해마다 연인들의 발길이 끊이질 않는다. 나도 그곳에서 한 사람과 언약을 했고 인연을 맺었다.

회룡포는 이슬방울을 닮았다. 물이 휘돌아 돌아나가고, 금빛 모래톱이 비단을 깔아 놓은 듯 눈부신 육지속의 섬이다. 전설의 이슬방울은 사계절의 변화를 고스란히 품어내고, 인간사의 잔영을 받아 안는다. 곧으면 굽어지고, 굽으면 곧게 가고 싶은 것이리라. 산천경개를 350도 휘돌아 나가는 곳, 여기가 진정 불국토가 아닌가 싶다.

신라는 명당에다 세 곳의 장안사를 세운다. 남쪽의 양산, 북쪽의 금강산, 가운데가 예천 비룡산 장안사다. 이곳은 경치가 빼어나 '육지의 용궁'이라 불리는 곳이다. 내성천은 물의 강이 아니라 금모래의 강이다. 질러가면 지척인 삼강을 수십 리나 굽이치며 사방천지의 빛을 모은다. 회룡포를 바라보고 있으면, 선방에 든 수행자의 마음인 양 고요해진다. 섬에서 시작된 동심원

이 기슭으로 너울져 간다. 느림과 여유의 미학이 오롯이 살아 있는 곳, 이곳이 원융한 이상향이 아닐까.

열사흘 저녁달이 회룡포를 비춘다. 할머니의 끊어질 듯 이어지는 구수한 옛날이야기가 아직도 물결에 이끌려 흘러간다. 검은 밤을 밝혀줄 별들이 하나 둘 모래톱에 박히고 물속을 훤히 비추던 미리내도 물결을 따라 떠내려간다. 산 그림자도 머리를 물속으로 깊숙이 밀어 넣고 물방울의 이야기에 넋을 잃는다.

회룡포의 전설이 대대로 물줄기를 따라 이어진다. 이슬방울은 지금도 안개를 따라 용왕님 나라에 들기를 기다릴는지 모른다. 언젠가 기회가 닿는다면 나도 손자들에게 회룡포의 전설을 도란도란 전해주리라. 다시 찾은 장안사에 저녁 거미가 내린다. 저쪽 편에서 세월 품이 넉넉한 아내가 나를 찾는다. 농익은 어투로 회룡포를 처음 만났던 감회를 늘어놓는다. 문득 궁금해진다. 전설 속 왕자와 처녀는 아직도 만나지 못했을까.

소리 없는 물소리가 들린다. 내성천은 음이 되고, 비룡산은 양이 되고, 강물은 태극을 그려 넣는다. 음양의 어울림이 아름답다. 내성천과 비룡산은 인생을 품은 듯 자연스레 펼쳐져 있다.

어머니의 기도

발그레 물든 벚꽃망울이 봉긋하게 눈을 밀어 올린다. 우듬지와 어린 가지들은 날이 갈수록 발그스름하게 물이 오른다. 부푼 가슴은 더 이상 견디지 못하고 '톡' 마음을 놓아 버린다. 다섯 나래가 펼쳐진다. 햇살이 꽃잎 위에 하얗게 부서진다. 벌들은 봄을 유영하며 꽃 속을 파고든다. 배추흰나비 한 마리가 흰 꽃과 하나되어 날갯짓을 멈춘다. —까닥까닥 까아닥 출렁, 봄잠으로 빠졌던 그는 어느 새 꽃잎이 된다.

추웠던 겨울을 두툼한 배짱으로 밀어내듯 청춘의 꿈을 교직에 묻었던 이들이 전국에서 모였다. 사방은 쥐 죽은 듯이 조용하다. 사각사각 연필심 닳는 소리만 들린다. '아이들이 좋아하는 교육, 공부 자체를 즐기는 교육'이란 주제로 강사의 심도 있는 강의는 이어지고 있다. 차분한 목소리가 수강생들에게 평안을 준다. 고요한 강의실 분위기는 일정한 너울을 일으키며 강의실 뒤편으로 흐른다. 뒤편 요소요소에 바른 자세를 하고 선 학습도우미는 개방적인 질문과 개별학습을 위하여

스탠바이 중이다. 뒷벽에 닿은 너울이 앞으로 되돌아가다 앞에서 달려오는 흐름과 만나 공명을 이루며 더욱 고요를 파고든다.

이따금씩 강사의 농담이 이어진다.

"눈을 감고 기도하시는 분은 내일 평가를 위한 것이지요?"

"……."

농담을 읽은 사람들이 한 바탕 웃어젖힌다. 기도를 하던 그룹은 웃음소리에 놀라 실없는 미소를 던지고는 본연의 자세로 돌아간다. 형광등에는 불이 늦게 들어오는 법이지. 아주 멀어 보이던 강단에 나른한 충만감이 찬다.

마음을 다잡고 이 나라의 교육을 바로 세우기 위해서는 소양을 길러야 한다. 강의록과 강사에게 번갈아 눈길을 던지며 집중의 집중을 거듭한다. 정장 속에 졸라맨 넥타이가 연수원 분위기를 무게를 잡아간다. 긍정적인 메시지에 앞으로 고개를 끄덕인다. '맞아, 옳은 말씀이지.' 국가의 미래를 위하여 정성껏 기도를 올린다. 연필도 바른 자세로 힘주어 잡는다.

곧추세운 허리가 어느새 앞으로 굽어진다. 국가와

미래를 위한 기도인가. 연필은 유체이탈 되어 탁자를 구른다. 흐트러진 자세를 바로 잡는다. 다시 손을 벗어난 볼펜은 탁자에서 바닥으로 떨어져 행방을 숨긴다. 눈꺼풀은 다시 지그시 세상을 누른다. 이 무게는 천하장사도 못 막는다. 덜 떨어진 눈으로 주위를 한 번 둘러본다. 나를 주시하는 이는 없다. 유리창에는 고향집에서 기도하는 어머니 모습이 얼비친다.

저녁 설거지를 끝내고, 건넌방 뒷문 앞에 차려 놓은 베틀에 올라앉는다. 별을 보니 유시를 넘어서 술시쯤이다. 낮에는 들일을 마치고, 이 밤에는 길쌈하신다.

'철거덕 척, 철거덕 척'

겨우내 날아서 도투마리에 감아 놓았던 삼베 감을 베틀에다 메우셨다. 줄이 달린 발을 당겨 벌어진 입으로 오른 쪽에서 북을 밀어 씨줄을 넣는다. 바디를 힘껏 당긴다. 발을 놓으면 반대로 벌어지는 입에다 왼손으로 북을 밀어넣고 바디를 힘껏 당긴다. 그렇게 엄마는 밤새워 세월을 짜신다. 새끼는 호롱불 옆에서 책을 읽는다.

'철거덕 척, 철거덕 처억, 처억 억. 학이시습지면 학이시습지면…….'

'꾸벅, 꾸벅 휘익, 건들건들 찌직'

엄마는 오늘도 6남매 장래를 위해, 우리 가족의 안녕을 위해 기도를 하시나 보다. 어머니의 얇고 거칠어진 손등을 바라보며 나도 기도한다.

"어메, 내려와 주무시지요."

"야야, 하루 석 자씩은 더 짜야 모레 서는 읍내 장에다 내다 팔아, 너 형 월사금 낼 거 아이가. 몇 필은 더 짜야 논 값에 쪼매라도 보태제. 잘 새가 있나?"

"지는 고마 잘랍니더."

"그래, 어여 자야 낼 학방에 늦지 않제. 어여 자거라."

'철거덕 척 철거덕 처억 처억 척'

사랑방에서는 짚을 비비는 소리가 한참을 이어졌다 끊어진다. 아버지께서 새끼를 꼬는 중이다.

'스륵스륵 스르르 스륵 스륵 스르르 쑤욱.'

담배 연기도 방 안에서 느릿느릿 꼬깃꼬깃 창호지 문틈을 삐어져 나와 밤이 내린 어둠 속으로 빠져 든다.

"아부지. 안 주무십니꺼?"

"우물가에 가서 물 한 대접 뜨다 주고, 그려 머이 자거라."

'스륵스륵 스르르……'

아버지는 올 농사가 잘 되게 해 달라고 손으로 정성껏 빌면서 치성을 드리시나 보다. 손으로 비는 소리는 이따금씩 흘러나오고, 코고는 소리를 곁들여 기도를 올리신다. 끄덕끄덕 끄어덕 움찔.

베 짜는 소리는 서쪽하늘을 나르고, 아버지의 새끼 꼬는 소리는 동쪽하늘의 삼태성을 향한다. 낭랑하게 책 읽는 소리는 북극성을 향한다. 고요한 밤하늘에는 또 하나의 행복의 베를 짠다.

"히야, 안 자나?"

"그래. 니 먼저 자거라. 난 내일 중간고사 마지막 날이다. 두 과목만 공부하면 된다."

쓱쓱 똑똑 또르르 찌찌직……

우리 형은 내일 만점을 받기 위해서 기도를 올리나 보다, 고소한 냄새까지 풍겨가면서 기도를 올리나 보다.

"야야, 이 이야기마자 해 줄게. 엊저녁에 하던 거, 말이다."

"할매요, 나도 다 아니더. 성진이가 팔선녀하고 놀았는데 잠에서 깨보니 꿈이었다는 말이지요. 수백 번은 더 들었을 긴데요."

"요것아, 그 뒤에 새로 나온 책에는 야그가 다르데이.

들어봐라. 성진이가 이 이 세상에 양소유로 태어나서 팔선녀……."

할머니는 등 굽은 허리가 낮아 머리가 방바닥에 닿을 만큼 지극 정성으로 치성을 드린다. 부모님보다 더 어른이시니 치성을 드릴 일이 더 많으신가보다.

"지는 자부러서 잘랍니더."

"수리 적 꿈 하나 낼 테니 눕지 말고 앉아 봐라. 세상에서 가장 무거운 게 뭘꼬?"

"글쎄요…, 아이참, 예전에 할매가 말씀 하셨잖아요. 이 세상 누구도 못 이기는 것이 눈꺼풀이라고요."

"호호, 그러냐?"

기지개를 켜며 올려다본 하늘은 어질어질하고 샛별만이 초롱초롱하다. 은하수는 밤새워 허멀건 눈으로 꼬박꼬박 졸고 있다. 우리 가족은 모두 미래의 행복을 지극정성으로 기도를 드리는 치성가족이다. 불심이 넘치는 가족인 게야.

연수생들은 하나 둘 피아노 건반처럼 '예서 까닥 제서 꿈틀' 좋은 성적을 위하여 기도를 하신다.

"이 과목은 시험을 치지 않으니 편안한 마음을 들으십시오."

평가가 없다는 강사님의 말씀은 아랑곳하지 않는다.

오매불망 좋은 성적을 위해서는 기도를 하는 것이 최선의 방도일 테지. 피교육자의 조바심 때문일까. 모두가 기도에 열중이다.

봄바람이 살짝 방 안 공기를 들여다본다. 중식이 맛깔스러워 한 술을 더 먹었더니 그것도 그냥 가진 않는다. 오후 첫 시간은 이렇듯 꾸벅꾸벅 더 나은 내일을 위하듯 기도를 올린다. 강사님에게 들키지 않게. 남세스럽지 않게. 조용하게. 나비의 하얀 날갯짓이 꽃잎에 묻혀 버릴 때까지.

나른한 봄기운 속에 기도는 더 깊어진다. 교육을 바로 세울 지혜를 구하는 기도가 여전히 여기저기 이어진다. 어머니의 모습을 얼핏 본 듯하다. '이런!' 정신이 들어 고개를 들다가 강사와 눈이 딱 마주친다. 열적은 웃음으로 기도를 마친다.

윤보식 시집
먼 슬픔이 따뜻하다

초판 인쇄 2019년 12월 24일
초판 발행 2019년 12월 30일

지은이 / 윤 보 식
펴낸이 / 박 진 환

펴낸 곳 / 만인사
출판등록 / 1996년 4월 20일 제03-01-306호
주소 / 41960 대구광역시 중구 명륜로 116
전화 / (053)422-0550
팩스 / (053)426-9543
전자우편 / maninsa@hanmail.net
홈페이지 / www.maninsa.co.kr

ISBN 978-89-6349-142-4 03810

값 9,000원

* 이 도서의 국립중앙도서관 출판시도서목록(CIP)은 서지정보유통지원시스템 홈페이지(http://seoji.nl.go.kr)와 국가자료공동목록시스템(http://www.nl.go.kr/kolisnet)에서 이용하실 수 있습니다(CIP제어번호 : CIP2019051626).